D0385138

*"You will never be able
to escape from your heart.
So it is better to listen
to what it has to say."*

———

PAULO COELHO

1

How can you nurture one relationship today?

20___ •

20___ •

20___ •

20___ •

20___ •

What could you redo? Should you?

2

20____ • _____

_____

_____

20____ • _____

_____

_____

20____ • _____

_____

_____

20____ • _____

_____

_____

20____ • _____

_____

_____

_____

3

What is evolving in your life?

20____ • _____

_____

_____

_____

20____ • _____

_____

_____

20____ • _____

_____

_____

20____ • _____

_____

_____

_____

20____ • _____

_____

_____

_____

4

What no longer serves you?

20___ •

20___ •

20___ •

20___ •

20___ •

5

What is sacred about this moment?

20____ •

20____ •

20____ •

20____ •

20____ •

6

When is moving forward a kind of return?

20____ •

20____ •

20____ •

20____ •

20____ •

*Take something that feels big and make
it smaller. What is the first step?*

20____ •

20____ •

20____ •

20____ •

20____ •

*What do you miss when you give
in to a fear of missing out?*

20_____ •

20_____ •

20_____ •

20_____ •

20_____ •

9

How will you greet the day?

20___ • _____

_____

_____

20___ • _____

_____

_____

20___ • _____

_____

_____

20___ • _____

_____

_____

20___ • _____

_____

_____

_____

Ask the sky a question.
Watch for the answer.

20____ •

20____ •

20____ •

20____ •

20____ •

11

Go inward. What do you see?

20___ •_____

_____

_____

20___ •_____

_____

_____

20___ •_____

_____

_____

20___ •_____

_____

_____

20___ •_____

_____

_____

_____

Why say yes?

20___ • _____

_____

_____

_____

20___ • _____

_____

_____

_____

20___ • _____

_____

_____

_____

20___ • _____

_____

_____

_____

20___ • _____

_____

_____

_____

13

*What happens when you give
something your full attention?*

20____ • _____

_____

_____

_____

20____ • _____

_____

_____

_____

20____ • _____

_____

_____

_____

20____ • _____

_____

_____

_____

20____ • _____

_____

_____

_____

What have you been resisting?
What would happen if you stopped?

20____ •

20____ •

20____ •

20____ •

20____ •

15

How can you make more space for yourself?

20____ • _____

_____

_____

_____

20____ • _____

_____

_____

_____

20____ • _____

_____

_____

_____

20____ • _____

_____

_____

_____

20____ • _____

_____

_____

_____

January

16

Move just a little bit to either side. Does the view change?

20____ • _____

_____

_____

20____ • _____

_____

_____

20____ • _____

_____

_____

20____ • _____

_____

_____

20____ • _____

_____

_____

_____

17

January

What can you do to make today's tasks seem lighter?

20___ •

20___ •

20___ •

20___ •

20___ •

January

18

What will you reach by slowing down?

20 ___ •

20 ___ •

20 ___ •

20 ___ •

20 ___ •

19

*What lesson do you keep
learning (and relearning)?*

20___ • _____

_____

_____

_____

20___ • _____

_____

_____

_____

20___ • _____

_____

_____

_____

20___ • _____

_____

_____

_____

20___ • _____

_____

_____

_____

January

20

How should you say goodbye?

20___ •

20___ •

20___ •

20___ •

20___ •

21

Something is just beginning. What is it?

20____ • _____

_____

_____

20____ • _____

_____

_____

20____ • _____

_____

_____

20____ • _____

_____

_____

_____

20____ • _____

_____

_____

_____

January

What would you take if you had to leave tonight?

22

20____ • _____

_____

_____

20____ • _____

_____

_____

20____ • _____

_____

_____

20____ • _____

_____

_____

20____ • _____

_____

_____

_____

23

January

Where can you find quiet?

20___ •

20___ •

20___ •

20___ •

20___ •

What needs to change?

20____ •

_____

_____

_____

20____ •

_____

_____

_____

20____ •

_____

_____

_____

20____ •

_____

_____

_____

20____ •

_____

_____

_____

_____

25

How can you grow today?

20___ • _____

_____

_____

20___ • _____

_____

_____

20___ • _____

_____

_____

20___ • _____

_____

_____

20___ • _____

_____

_____

_____

Think of a current interpersonal conflict.
How would your adversary tell this story?

20____ • _____

_____

_____

20____ • _____

_____

_____

20____ • _____

_____

_____

20____ • _____

_____

_____

20____ • _____

_____

_____

_____

27

What is your intention for today?

20____ •

20____ •

20____ •

20____ •

20____ •

What is most important this year?

20_____ •

20_____ •

20_____ •

20_____ •

20_____ •

29

What activities are life-giving?

20____ • _____

_____

_____

20____ • _____

_____

_____

20____ • _____

_____

_____

20____ • _____

_____

_____

20____ • _____

_____

_____

January

In this moment, are you okay?

30

20____ •

20____ •

20____ •

20____ •

20____ •

31

*Is there someone you haven't
seen in a long time?*

20____ • _____

_____

_____

20____ • _____

_____

_____

20____ • _____

_____

_____

20____ • _____

_____

_____

20____ • _____

_____

_____

_____

1

*How flexible are you willing to be
when others disrupt your plans?*

20 ___ • _____

_____

_____

20 ___ • _____

_____

_____

20 ___ • _____

_____

_____

20 ___ • _____

_____

_____

_____

20 ___ • _____

_____

_____

_____

2

February

*What about this current life will you
remember ten years from now?*

20___ •_____

_____

_____

20___ •_____

_____

_____

20___ •_____

_____

_____

20___ •_____

_____

_____

_____

20___ •_____

_____

_____

_____

What are you searching for?

20____ •

20____ •

20____ •

20____ •

20____ •

4

*Is an old dream holding you back
from grabbing hold of a new one?*

20_____ • _____

_____

_____

20_____ • _____

_____

_____

20_____ • _____

_____

_____

20_____ • _____

_____

_____

20_____ • _____

_____

_____

_____

5

Pick an experience that helped shape you.
What was it? Do you like that shape?

20____ • _____

_____

_____

20____ • _____

_____

_____

20____ • _____

_____

_____

20____ • _____

_____

_____

20____ • _____

_____

_____

_____

6

When do you feel rushed?

20____ •_____

_____

_____

20____ •_____

_____

_____

20____ •_____

_____

_____

20____ •_____

_____

_____

20____ •_____

_____

_____

What could you say with fewer words?
With only action?

2 0 ___ • _____

_____

_____

2 0 ___ • _____

_____

_____

2 0 ___ • _____

_____

_____

2 0 ___ • _____

_____

_____

2 0 ___ • _____

_____

_____

_____

8

What is one important weekly ritual?

20___ • _____

_____

_____

_____

20___ • _____

_____

_____

_____

20___ • _____

_____

_____

_____

20___ • _____

_____

_____

_____

20___ • _____

_____

_____

_____

What do you regret not doing?
Can you still do it?

20___ •

20___ •

20___ •

20___ •

20___ •

10

*What did you almost not
notice about today?*

20___ • _____

_____

_____

20___ • _____

_____

_____

20___ • _____

_____

_____

20___ • _____

_____

_____

20___ • _____

_____

_____

_____

Are you open to change?

20____ •

20____ •

20____ •

20____ •

20____ •

12

How can you serve others today?

20____ •_____

_____

_____

20____ •_____

_____

_____

20____ •_____

_____

_____

20____ •_____

_____

_____

20____ •_____

_____

_____

February

What makes you feel creative?

13

20____ •

20____ •

20____ •

20____ •

0____ •

14

Quietly focus on one object nearby.
How would you describe it?

20____ • _____

_____

_____

20____ • _____

_____

_____

20____ • _____

_____

_____

20____ • _____

_____

_____

20____ • _____

_____

_____

*What do you wish someone
would say to you?*

20____ •

20____ •

20____ •

20____ •

20____ •

16

What place feels like home?

20____ • _____

_____

_____

20____ • _____

_____

_____

20____ • _____

_____

_____

20____ • _____

_____

_____

20____ • _____

_____

_____

_____

What grudge can you let go of today?

20____ •

20____ •

20____ •

20____ •

20____ •

18

What did you worry about that turned out to be absolutely nothing?

20___ •

20___ •

20___ •

20___ •

20___ •

Where can you go to get a new perspective?

20____ •

20____ •

20____ •

20____ •

20____ •

20

What marked a turning point?

20____ •

20____ •

20____ •

20____ •

20____ •

What will you do to greet the evening?

20___ •

20___ •

20___ •

20___ •

20___ •

22

Can you make careful attention to the current task into a kind of prayer?

20____ •

20____ •

20____ •

20____ •

20____ •

What words have been a touchstone?

20___ •

20___ •

20___ •

20___ •

20___ •

24

Who gave you something important?

20___ • _____

_____

_____

20___ • _____

_____

_____

20___ • _____

_____

_____

20___ • _____

_____

_____

20___ • _____

_____

_____

What are you afraid might happen?

20____ • _____

_____

_____

20____ • _____

_____

_____

20____ • _____

_____

_____

20____ • _____

_____

_____

20____ • _____

_____

_____

_____

26

*Do you want someone else to make
a decision for you? If so, why?*

20___ •

_____

_____

_____

20___ •

_____

_____

_____

20___ •

_____

_____

_____

20___ •

_____

_____

_____

20___ •

_____

_____

_____

February

27

*Can you go a little farther today
than you went yesterday?*

20___ •

20___ •

20___ •

20___ •

20___ •

28

Do you need more routine? Less?

20____ •

20____ •

20____ •

20____ •

20____ •

February

29

No matter your age, renewal makes us all new. How can you be new?

20___ • _____

_____

_____

20___ • _____

_____

_____

20___ • _____

_____

_____

20___ • _____

_____

_____

20___ • _____

_____

_____

_____

1

March

Do you wish you were somewhere else? Where?

20___ • _____

_____

_____

20___ • _____

_____

_____

20___ • _____

_____

_____

20___ • _____

_____

_____

20___ • _____

_____

_____

What can you give away today?

2

20___ •

20___ •

0___ •

0___ •

0___ •

3

March

How do you encourage yourself?

20___ •

20___ •

20___ •

20___ •

20___ •

When is it time to retreat?

20 ___ • _____

20 ___ • _____

20 ___ • _____

20 ___ • _____

20 ___ • _____

5

Is your approach working?

20____ • _____
_____
_____
_____

20____ • _____
_____
_____
_____

20____ • _____
_____
_____
_____

20____ • _____
_____
_____
_____

20____ • _____
_____
_____
_____

What is draining your energy?
Can you make a change?

20 ___ •

20 ___ •

20 ___ •

20 ___ •

20 ___ •

7

Where is your community?

20___ • _____

_____

_____

20___ • _____

_____

_____

20___ • _____

_____

_____

20___ • _____

_____

_____

_____

20___ • _____

_____

_____

_____

What solution eludes you?

20___ • _____

_____

_____

20___ • _____

_____

_____

20___ • _____

_____

_____

20___ • _____

_____

_____

20___ • _____

_____

_____

_____

9

How was your day?

20___ •

20___ •

20___ •

20___ •

20___ •

*Can you remove yourself from
the current drama?*

20___ •

20___ •

20___ •

20___ •

20___ •

11

What do you need to help yourself expand?

20____ • _____

_____

_____

20____ • _____

_____

_____

20____ • _____

_____

_____

20____ • _____

_____

_____

20____ • _____

_____

_____

What are the other choices?

20___ •

20___ •

20___ •

20___ •

20___ •

13

What room feels like a safe haven?

20____ •

20____ •

20____ •

20____ •

20____ •

How can you make an everyday routine have more spiritual power?

20 _____ •

20 _____ •

20 _____ •

20 _____ •

20 _____ •

15

*Is there something you're holding
on to that you no longer need?*

20_____ • _____

_____

_____

_____

20_____ • _____

_____

_____

_____

20_____ • _____

_____

_____

_____

20_____ • _____

_____

_____

_____

20_____ • _____

_____

_____

_____

Long ago you planted a seed.
What was it?

0 _____ •

0 _____ •

0 _____ •

0 _____ •

0 _____ •

17

*What if instead of talking to
yourself you tried to listen?*

20___ •

20___ •

20___ •

20___ •

20___ •

Do you have enough?

0 _____ • _____

_____

_____

0 _____ • _____

_____

_____

0 _____ • _____

_____

_____

0 _____ • _____

_____

_____

0 _____ • _____

_____

_____

19

*Pick a weak spot. What can you
do to strengthen it?*

20____ •

20____ •

20____ •

20____ •

20____ •

Who decides how you feel?

20 ___ •

20 ___ •

20 ___ •

20 ___ •

20 ___ •

21

Where is your center?

20____ •

20____ •

20____ •

20____ •

20____ •

March

22

Can you close your eyes and take a deep breath? What happens when you do?

20____ •

20____ •

20____ •

20____ •

20____ •

23

*To whom would you like to write
a letter? How would it begin?*

20____ • _____

_____

_____

20____ • _____

_____

_____

20____ • _____

_____

_____

20____ • _____

_____

_____

20____ • _____

_____

_____

*Can you reframe a current
problem as an opportunity?*

20___ •

20___ •

0___ •

0___ •

0___ •

25

Why not stay?

20___ •

_____

_____

_____

20___ •

_____

_____

_____

20___ •

_____

_____

_____

20___ •

_____

_____

_____

20___ •

_____

_____

_____

What would it mean to be reborn?

20___ •

20___ •

20___ •

20___ •

20___ •

27

*Do you ever give yourself time
to stare out windows?*

20____ • _____

_____

_____

20____ • _____

_____

_____

20____ • _____

_____

_____

20____ • _____

_____

_____

20____ • _____

_____

_____

*What would you write about
if you were not afraid?*

0 •

0 •

0 •

0 •

) •

29

March

How would someone describe you today?

20____ •

20____ •

20____ •

20____ •

20____ •

What is your earliest memory of spring?

0____ • _____

_____

_____

0____ • _____

_____

_____

0____ • _____

_____

_____

0____ • _____

_____

_____

0____ • _____

_____

_____

_____

31

*What are the first signs of
spring you've witnessed?*

20___ •

20___ •

20___ •

20___ •

20___ •

Is there a truth that could set you free?

20 ___ •

0 ___ •

0 ___ •

0 ___ •

0 ___ •

2

*When was the last time you
caught the sunrise?*

20_____ • _____

_____

_____

20_____ • _____

_____

_____

20_____ • _____

_____

_____

20_____ • _____

_____

_____

20_____ • _____

_____

_____

_____

What is so simple you often forget about it?

0 ____ •

0 ____ •

0 ____ •

0 ____ •

0 ____ •

4

Would you rather lead or follow?

20____ •

20____ •

20____ •

20____ •

20____ •

What memory makes you smile?

20 ___ •

20 ___ •

20 ___ •

20 ___ •

20 ___ •

6

What is exactly right about this moment?

20____ • _____

_____

_____

20____ • _____

_____

_____

20____ • _____

_____

_____

20____ • _____

_____

_____

20____ • _____

_____

_____

_____

*What can you do to guard yourself
against someone else's moods?*

20 ___ •

20 ___ •

0 ___ •

0 ___ •

0 ___ •

8

April

What did you lose recently that
ended up freeing you?

20___ •

20___ •

20___ •

20___ •

20___ •

What is the one thing that needs
to be done right now?

20 ____ •

20 ____ •

0 ____ •

20 ____ •

0 ____ •

10

*Who is teaching you something
you may not want to learn?*

20____ • _____

_____

_____

_____

20____ • _____

_____

_____

_____

20____ • _____

_____

_____

_____

20____ • _____

_____

_____

_____

20____ • _____

_____

_____

_____

What matters?

20 ___ • _____

_____

_____

20 ___ • _____

_____

_____

20 ___ • _____

_____

_____

20 ___ • _____

_____

_____

20 ___ • _____

_____

_____

_____

12

*What changed dramatically
from last year at this time?*

20____ • _____

_____

_____

_____

20____ • _____

_____

_____

_____

20____ • _____

_____

_____

_____

20____ • _____

_____

_____

_____

20____ • _____

_____

_____

_____

Are you devoted? To what?

20____ •

20____ •

0____ •

0____ •

0____ •

14

April

What would you like to do on a retreat?

20___ · _____

_____

_____

20___ · _____

_____

_____

20___ · _____

_____

_____

20___ · _____

_____

_____

20___ · _____

_____

_____

April

15

How can you be more aware today?

0 ____ • _____

0 ____ • _____

0 ____ • _____

0 ____ • _____

0 ____ • _____

16

Is it your role to persuade others?

20___ •

20___ •

20___ •

20___ •

20___ •

What does it mean to have inner peace?

20 __ •

20 __ •

20 __ •

20 __ •

20 __ •

18

*Are any of your projects
beginning to bear fruit?*

20___ • _____

_____

_____

20___ • _____

_____

_____

20___ • _____

_____

_____

20___ • _____

_____

_____

20___ • _____

_____

_____

_____

Make an observation about a difficult aspect of your life. Don't try to interpret it.

0____ •

0____ •

0____ •

0____ •

0____ •

20

April

Do you feel present?

20____ •

20____ •

20____ •

20____ •

20____ •

What do you promise yourself?

0 •

0 •

) •

) •

) •

22

April

Are you open to new discoveries?

20____ • _____

_____

_____

_____

20____ • _____

_____

_____

_____

20____ • _____

_____

_____

_____

20____ • _____

_____

_____

_____

20____ • _____

_____

_____

_____

What have you known from the start?

20___ •

20___ •

20___ •

20___ •

20___ •

24

Do you believe in a higher power?

20____ •_____

_____

_____

20____ •_____

_____

_____

20____ •_____

_____

_____

20____ •_____

_____

_____

20____ •_____

_____

_____

_____

Who is with you on your journey?

20____ •

20____ •

_0____ •

0____ •

0____ •

26

How are you growing slowly and steadily?

20____ • _____

_____

_____

20____ • _____

_____

_____

20____ • _____

_____

_____

20____ • _____

_____

_____

20____ • _____

_____

_____

_____

Do you feel inspired today?

0____•

0____•

0____•

0____•

0____•

28

*Is there someone giving you spiritual
direction? Are you taking it?*

20____ • _____

_____

_____

20____ • _____

_____

_____

20____ • _____

_____

_____

20____ • _____

_____

_____

20____ • _____

_____

_____

_____

What recent experience filled you up?

20____ •

20____ •

20____ •

20____ •

20____ •

30

What can you say about solitude?

20____ • _____

_____

_____

20____ • _____

_____

_____

20____ • _____

_____

_____

20____ • _____

_____

_____

20____ • _____

_____

_____

_____

Do you have a long-deferred dream?

20___ •

20___ •

20___ •

20___ •

20___ •

May

What problem doesn't seem to have an answer right now?

20___ •

20___ •

20___ •

20___ •

20___ •

May

How can you be more generous?

3

20___ •

20___ •

20___ •

20___ •

20___ •

4

May

Do your actions match your words?

20____ • _____

_____

_____

20____ • _____

_____

_____

20____ • _____

_____

_____

20____ • _____

_____

_____

20____ • _____

_____

_____

_____

What patterns do you see from
childhood repeating themselves?

0 ___ •

0 ___ •

0 ___ •

0 ___ •

0 ___ •

6

What small act has the power to reverberate?

20___ • _____

_____

_____

_____

20___ • _____

_____

_____

_____

20___ • _____

_____

_____

_____

20___ • _____

_____

_____

_____

20___ • _____

_____

_____

_____

May

Are you a source of light?

7

20 _____ •

20 _____ •

20 _____ •

20 _____ •

20 _____ •

8

May

Do you like to disconnect? What does disconnecting mean to you?

20____ • _____

_____

_____

_____

20____ • _____

_____

_____

_____

20____ • _____

_____

_____

_____

20____ • _____

_____

_____

_____

20____ • _____

_____

_____

_____

*Listen to the whole answer, not just the
part you want to hear. What is it?*

0 ____ •

0 ____ •

0 ____ •

0 ____ •

0 ____ •

10

May

What makes you feel calmer?

20___ • _____

_____

_____

_____

20___ • _____

_____

_____

_____

20___ • _____

_____

_____

_____

20___ • _____

_____

_____

_____

20___ • _____

_____

_____

_____

Are you staying true to your own path?

20___ •

20___ •

20___ •

20___ •

20___ •

12

May

When do you feel most powerful?

20___ •

20___ •

20___ •

20___ •

20___ •

What are you avoiding out of fear?
What would happen if you faced it?

0 ___ •

0 ___ •

0 ___ •

0 ___ •

0 ___ •

14

What will you devote yourself to?

20____ • _____

_____

_____

20____ • _____

_____

_____

20____ • _____

_____

_____

20____ • _____

_____

_____

20____ • _____

_____

_____

May

15

Does the seemingly infinite universe scare you? Reassure you? Intrigue you?

20____ •

20____ •

20____ •

20____ •

20____ •

16

What would you want someone to do with this journal after you leave this life?

20___ • _____

_____

_____

_____

20___ • _____

_____

_____

_____

20___ • _____

_____

_____

_____

20___ • _____

_____

_____

_____

20___ • _____

_____

_____

_____

*What is something you do more out
of obligation than enjoyment?*

20____•

20____•

20____•

20____•

20____•

18

Is this your first life?

20____ • _____

_____

_____

20____ • _____

_____

_____

20____ • _____

_____

_____

20____ • _____

_____

_____

20____ • _____

_____

_____

_____

Are you at peace?

0 _____ •

0 _____ •

0 _____ •

0 _____ •

0 _____ •

20

Do you allow uncertainty?

20____ •_____

_____

_____

_____

20____ •_____

_____

_____

_____

20____ •_____

_____

_____

_____

20____ •_____

_____

_____

_____

20____ •_____

_____

_____

_____

21

If you had a moment to daydream, what would take place in the opening act?

0___ •

0___ •

0___ •

0___ •

0___ •

22

What are you curious about?

20____ • _____

_____

_____

20____ • _____

_____

_____

20____ • _____

_____

_____

20____ • _____

_____

_____

20____ • _____

_____

_____

May

23

*What items are always on
your gratitude list?*

0 ___ • _____

0 ___ • _____

0 ___ • _____

0 ___ • _____

0 ___ • _____

24

Does someone else need to agree with you?

20____ • _____

_____

_____

20____ • _____

_____

_____

20____ • _____

_____

_____

20____ • _____

_____

_____

20____ • _____

_____

_____

What could you do using only
the light of the moon?

20 ____ •

20 ____ •

0 ____ •

0 ____ •

0 ____ •

26

What are you cultivating around you?

20___ • _____

_____

_____

20___ • _____

_____

_____

20___ • _____

_____

_____

20___ • _____

_____

_____

20___ • _____

_____

_____

_____

How can you show yourself kindness?

20___ •

20___ •

20___ •

20___ •

20___ •

28

Is your mind quiet?

20____ • _____

_____

_____

20____ • _____

_____

_____

20____ • _____

_____

_____

20____ • _____

_____

_____

20____ • _____

_____

_____

_____

*Was there a time in your life
when you were too involved?*

20 __ •

20 __ •

20 __ •

20 __ •

20 __ •

30

May

How can you be more awake?

20___ • _____

_____

_____

20___ • _____

_____

_____

20___ • _____

_____

_____

20___ • _____

_____

_____

20___ • _____

_____

_____

What do you want to be remembered for?

0___ • _____

_____

_____

0___ • _____

_____

_____

0___ • _____

_____

_____

0___ • _____

_____

_____

0___ • _____

_____

_____

_____

1

June

Who might be waiting for you this very minute?

20___ • _____

_____

_____

20___ • _____

_____

_____

20___ • _____

_____

_____

20___ • _____

_____

_____

_____

20___ • _____

_____

_____

_____

What would it take to begin healing?

0 •

0 •

0 •

0 •

0 •

3

Do you have any soul mates?

20____ •_____

_____

_____

20____ •_____

_____

_____

20____ •_____

_____

_____

20____ •_____

_____

_____

20____ •_____

_____

_____

June

4

Do you protect empty days on the calendar?

20____ •

20____ •

20____ •

20____ •

20____ •

5

June

What are some recent dreams you remember?

20___ • _____

_____

_____

_____

20___ • _____

_____

_____

_____

20___ • _____

_____

_____

_____

20___ • _____

_____

_____

_____

20___ • _____

_____

_____

_____

What was unexpected today?

20 ___ •

20 ___ •

___ •

___ •

___ •

7

June

Are you trying to be more patient?

20___ • _____

_____

_____

_____

20___ • _____

_____

_____

_____

20___ • _____

_____

_____

_____

20___ • _____

_____

_____

_____

20___ • _____

_____

_____

_____

June

8

What meaningful event happened yesterday?

20 __ •

20 __ •

20 __ •

20 __ •

20 __ •

9

June

How will saying no today free you?

20___ •

20___ •

20___ •

20___ •

20___ •

*When you're told in a guided meditation
to imagine a calm place, where is it?*

0_____ •

0_____ •

0_____ •

0_____ •

0_____ •

11

Instead of reinventing yourself, remember who you were. Who were you?

20___ •

20___ •

20___ •

20___ •

20___ •

*Is there some irritating advice
that might actually help you?*

0 •

0 •

0 •

0 •

) •

13

*What would you explore if
you had more time?*

20____ •

20____ •

20____ •

20____ •

20____ •

Do you own any sacred objects?

20____ •

20____ •

20____ •

20____ •

20____ •

15

How is prayer like meditation?

20___ •

20___ •

20___ •

20___ •

20___ •

Can you escape your racing thoughts?
Or let them outrun you?

20___ •

20___ •

20___ •

20___ •

20___ •

17

Do you ever see signs from the universe?

20___ • _____

_____

_____

_____

20___ • _____

_____

_____

20___ • _____

_____

_____

20___ • _____

_____

_____

_____

20___ • _____

_____

_____

_____

June

18

*What is just beginning to
emerge in your life?*

20___ • _____

_____

_____

20___ • _____

_____

_____

20___ • _____

_____

_____

20___ • _____

_____

_____

20___ • _____

_____

_____

_____

19

Are you living "deliberately" like Thoreau?

20____ • _____

_____

_____

20____ • _____

_____

_____

20____ • _____

_____

_____

20____ • _____

_____

_____

20____ • _____

_____

_____

Can you sit with absence?

0 _____ •

0 _____ •

0 _____ •

0 _____ •

0 _____ •

21

*Can you send positive energy to someone
just by thinking about them?*

20____ •

20____ •

20____ •

20____ •

20____ •

What is a new habit you want to adopt?

20___ •

20___ •

20___ •

20___ •

20___ •

23

Do you get to decide how calm you will be?

20____ • _____

_____

_____

20____ • _____

_____

_____

20____ • _____

_____

_____

20____ • _____

_____

_____

_____

20____ • _____

_____

_____

_____

June

*What do you envision for
a year from today?*

24

0 ___ •

0 ___ •

0 ___ •

0 ___ •

0 ___ •

25

June

How can you return to the essential?

20____ •

20____ •

20____ •

20____ •

20____ •

What feels miraculous?

20___ •

20___ •

20___ •

20___ •

20___ •

June

*Who might be helping you
by not helping you?*

20___ • _____

_____

_____

20___ • _____

_____

_____

20___ • _____

_____

_____

20___ • _____

_____

_____

_____

20___ • _____

_____

_____

_____

June

Are you afraid of something you actually want?

20____ •

20____ •

20____ •

20____ •

20____ •

28

29

*When can you pause and
just breathe today?*

20_____ •

20_____ •

20_____ •

20_____ •

20_____ •

What will you do with today?

0____ •_____

0____ •_____

0____ •_____

0____ •_____

0____ •_____

1

Can you commit to a practice?

20____ • _____

_____

_____

20____ • _____

_____

_____

20____ • _____

_____

_____

20____ • _____

_____

_____

20____ • _____

_____

_____

_____

How can you do your best work?

0____ •_____

_____

_____

_____

0____ •_____

_____

_____

_____

0____ •_____

_____

_____

_____

0____ •_____

_____

_____

_____

0____ •_____

_____

_____

_____

3

Do you want to change course?

20___ • _____

_____

_____

20___ • _____

_____

_____

20___ • _____

_____

_____

20___ • _____

_____

_____

20___ • _____

_____

_____

_____

Do you have an inner child?

20____ •

20____ •

20____ •

20____ •

20____ •

5

Is there something you wished you believed?

20___ •

20___ •

20___ •

20___ •

20___ •

What moment was soul-fulfilling?

0   •

0   •

0   •

)   •

)   •

7

Does your routine need tweaking?

20____ •

20____ •

20____ •

20____ •

20____ •

*Which takes more energy—
moving or staying still?*

20____ •

20____ •

20____ •

20____ •

20____ •

9

What is a centering activity that works for you

20___ •

20___ •

20___ •

20___ •

20___ •

Do you take responsibility?

20 ____ •

20 ____ •

20 ____ •

20 ____ •

20 ____ •

What is your purpose?

20____ •

_____

_____

_____

20____ •

_____

_____

_____

20____ •

_____

_____

_____

20____ •

_____

_____

_____

20____ •

_____

_____

_____

Do you have time to listen to the birds?

0   •

0   •

0   •

)   •

)   •

13

What can you do to be more present?

20____ •

20____ •

20____ •

20____ •

20____ •

Is now a season for change or stasis?

0 _____ •

0 _____ •

0 _____ •

0 _____ •

0 _____ •

15

Can you forgive yourself?

20____ •

20____ •

20____ •

20____ •

20____ •

What are you hoping to manifest?

0___ •

0___ •

0___ •

0___ •

0___ •

17

What could you strip away to make your life more fruitful?

20_____ •

20_____ •

20_____ •

20_____ •

20_____ •

What is one daily ritual that is important to you right now?

20___ •

20___ •

20___ •

20___ •

20___ •

19

July

Are you as good as your word?

20____ •

20____ •

20____ •

20____ •

20____ •

July

*Are you where you imagined
you would be?*

20

0 ___ • _____

_____

_____

0 ___ • _____

_____

_____

0 ___ • _____

_____

_____

0 ___ • _____

_____

_____

0 ___ • _____

_____

_____

_____

21

Do you have a view of the sky?

20____ • _____

_____

_____

20____ • _____

_____

_____

20____ • _____

_____

_____

20____ • _____

_____

_____

_____

20____ • _____

_____

_____

_____

When can boundaries free you?

0 _____ • _____

_____

_____

0 _____ • _____

_____

_____

0 _____ • _____

_____

_____

0 _____ • _____

_____

_____

0 _____ • _____

_____

_____

_____

23

What project can't you finish?
Why are you holding on to it?

20___ •_____

_____

_____

_____

20___ •_____

_____

_____

_____

20___ •_____

_____

_____

_____

20___ •_____

_____

_____

_____

20___ •_____

_____

_____

_____

Do you have a mantra?

0___ •_____

_____

_____

0___ •_____

_____

_____

0___ •_____

_____

_____

0___ •_____

_____

_____

0___ •_____

_____

_____

_____

25

July

What makes you whole?

20___ · _____

_____

_____

_____

20___ · _____

_____

_____

_____

20___ · _____

_____

_____

_____

20___ · _____

_____

_____

_____

20___ · _____

_____

_____

_____

What would you put on your vision board?

0 _____ •

0 _____ •

0 _____ •

0 _____ •

) _____ •

27

Do you trust your instincts?

20___ •

20___ •

20___ •

20___ •

20___ •

July

How would you describe a perfect summer day?

28

20___ •

20___ •

20___ •

20___ •

20___ •

29

July

How can you stretch out time today?

20___ •

20___ •

20___ •

20___ •

20___ •

What are you hiding?

20 ___ •

20 ___ •

20 ___ •

20 ___ •

0 ___ •

31

July

Do you need recognition?

20___ • _____

_____

_____

_____

20___ • _____

_____

_____

_____

20___ • _____

_____

_____

20___ • _____

_____

_____

_____

20___ • _____

_____

_____

_____

Do you ever feel a divine presence? When?

20____ • _____

_____

_____

20____ • _____

_____

_____

20____ • _____

_____

_____

20____ • _____

_____

_____

20____ • _____

_____

_____

2

August

What would it mean for you to bloom?

20____ • _____

_____

_____

20____ • _____

_____

_____

20____ • _____

_____

_____

20____ • _____

_____

_____

_____

20____ • _____

_____

_____

_____

What are you doing right now?

0 ___ • _____

0 ___ • _____

0 ___ • _____

0 ___ • _____

0 ___ • _____

4

*When have you been stunned
into silence this year?*

20____ • _____

_____

_____

20____ • _____

_____

_____

20____ • _____

_____

_____

20____ • _____

_____

_____

20____ • _____

_____

_____

August

What one thing have you learned today?

5

○ ___ •

○ ___ •

○ ___ •

○ ___ •

○ ___ •

6

Where is your imaginary world?

20___ •

20___ •

20___ •

20___ •

20___ •

What experience changed your point of view?

0 _____ •

0 _____ •

0 _____ •

0 _____ •

0 _____ •

8

Do you feel in tune with the seasons?

20___ •

20___ •

20___ •

20___ •

20___ •

Can you control your reactions?

20___ •

20___ •

20___ •

20___ •

20___ •

10

If you had no plans today,
how would you feel?

20____ •

20____ •

20____ •

20____ •

20____ •

Who is opening up new worlds for you?

0 _____ •

0 _____ •

0 _____ •

) _____ •

) _____ •

12

Do you take the time you are given?

20___ •

20___ •

20___ •

20___ •

20___ •

Have you tried to understand your shadow?

20___ • _____

_____

_____

20___ • _____

_____

_____

20___ • _____

_____

_____

_____

20___ • _____

_____

_____

20___ • _____

_____

_____

14

What is worth preserving?

20___ • _____

_____

_____

_____

20___ • _____

_____

_____

_____

20___ • _____

_____

_____

_____

20___ • _____

_____

_____

_____

20___ • _____

_____

_____

_____

What are you wondering?

0 ___ • _____

_____

_____

0 ___ • _____

_____

_____

0 ___ • _____

_____

_____

0 ___ • _____

_____

_____

0 ___ • _____

_____

_____

_____

16

Are you trying to impress someone?

20____ •_____

_____

_____

20____ •_____

_____

_____

20____ •_____

_____

_____

20____ •_____

_____

_____

20____ •_____

_____

_____

What traditions are important?

20 _____ •

20 _____ •

20 _____ •

20 _____ •

20 _____ •

18

August

What is unchanging?

20___ •_____

_____

_____

_____

20___ •_____

_____

_____

_____

20___ •_____

_____

_____

_____

20___ •_____

_____

_____

_____

20___ •_____

_____

_____

_____

August

19

Change your route today. What do you see?

20___ • _____

_____

_____

_____

20___ • _____

_____

_____

_____

20___ • _____

_____

_____

_____

20___ • _____

_____

_____

_____

20___ • _____

_____

_____

_____

20

Are you where you need to be?

20____ •

20____ •

20____ •

20____ •

20____ •

Tonight, can you relax for a few moments screen-free? What will you choose to do?

0 _____ •

0 _____ •

0 _____ •

0 _____ •

0 _____ •

22

August

Do you know yourself?

20____ • _____

_____

_____

_____

20____ • _____

_____

_____

_____

20____ • _____

_____

_____

_____

20____ • _____

_____

_____

_____

20____ • _____

_____

_____

_____

August

What connects you to nature?

23

0___ •

0___ •

0___ •

0___ •

0___ •

24

If you cannot concentrate,
what is stopping you?

20___ · _____

_____

_____

20___ · _____

_____

_____

20___ · _____

_____

_____

20___ · _____

_____

_____

20___ · _____

_____

_____

Where is your source of light?

0 ___ • _____

0 ___ • _____

0 ___ • _____

0 ___ • _____

0 ___ • _____

26

August

Is there a problem you want to keep?

20____ •

20____ •

20____ •

20____ •

20____ •

Do you love?

) ___ •

) ___ •

) ___ •

) ___ •

) ___ •

28

How do you define yourself?

20___ • _____

_____

_____

20___ • _____

_____

_____

20___ • _____

_____

_____

20___ • _____

_____

_____

20___ • _____

_____

_____

Can you turn down the noise of all the voices competing for your attention?

0 _____ •

0 _____ •

) _____ •

) _____ •

) _____ •

30

What brought you to this moment?

20___ •

20___ •

20___ •

20___ •

20___ •

Is there another world?

20___ •

20___ •

20___ •

20___ •

20___ •

1

Are you a spiritual person?

20____ •

20____ •

20____ •

20____ •

20____ •

Do you value your work?

2

0 ___ •

0 ___ •

0 ___ •

0 ___ •

0 ___ •

3

Can you start a ripple effect of positive energy?

20____ •

20____ •

20____ •

20____ •

20____ •

*Do you crave time alone in quiet but
give it away every chance you get?*

20 ___ •

20 ___ •

0 ___ •

0 ___ •

0 ___ •

5

Is there grace?

20____ •

20____ •

20____ •

20____ •

20____ •

September

What is worth fighting for?

6

0 ___ •

0 ___ •

0 ___ •

0 ___ •

0 ___ •

7

September

You will find one treasure today. What is it?

20___ •

20___ •

20___ •

20___ •

20___ •

What are your top five life lessons?
Write one each year.

0 ___ • _____

_____

_____

0 ___ • _____

_____

_____

0 ___ • _____

_____

_____

0 ___ • _____

_____

_____

0 ___ • _____

_____

_____

_____

9

Are you letting things unfold at their own pace

20____ •

20____ •

20____ •

20____ •

20____ •

What is one true thing about yourself (it doesn't have to be the most important)?

0____ •

0____ •

0____ •

0____ •

0____ •

11

September

*Close your eyes. Try to clear
your mind. Can you?*

20____ • _____

_____

_____

20____ • _____

_____

_____

20____ • _____

_____

_____

20____ • _____

_____

_____

20____ • _____

_____

_____

Can you be happy for others?

0 ___ •

0 ___ •

0 ___ •

0 ___ •

0 ___ •

13

Can you write without judging yourself?

20____ • _____

_____

_____

_____

20____ • _____

_____

_____

_____

20____ • _____

_____

_____

_____

20____ • _____

_____

_____

_____

20____ • _____

_____

_____

_____

Where is your heart?

0 _____ •

0 _____ •

0 _____ •

0 _____ •

0 _____ •

15

Is your energy positive?

20___ •

20___ •

20___ •

20___ •

20___ •

What makes your soul feel rested?

0 _____ •

0 _____ •

0 _____ •

0 _____ •

0 _____ •

17

What mantra is serving you?

20___ • _____

_____

_____

20___ • _____

_____

_____

20___ • _____

_____

_____

20___ • _____

_____

_____

20___ • _____

_____

_____

_____

How are you molting and changing?

20____ •

20____ •

20____ •

20____ •

20____ •

19

September

Are you seeking out chaos or stillness?

20____ • _____

_____

_____

_____

20____ • _____

_____

_____

_____

20____ • _____

_____

_____

_____

20____ • _____

_____

_____

_____

20____ • _____

_____

_____

_____

What mysteries call out to you?

0   •

0   •

0   •

0   •

0   •

21

Rather than asking someone else to change, what could you do differently?

20____ •

20____ •

20____ •

20____ •

20____ •

How much is in your own head?

20 ___ •

20 ___ •

20 ___ •

20 ___ •

20 ___ •

23

Are you here now?

20____ •

20____ •

20____ •

20____ •

20____ •

September

Have you ever had an encounter with another world?

24

20___ •

20___ •

20___ •

20___ •

20___ •

25

What can you tolerate not knowing?

20___ •

20___ •

20___ •

20___ •

20___ •

Do you accept love from others?

0 ____ •

0 ____ •

0 ____ •

0 ____ •

0 ____ •

27

September

Who might be helping you invisibly?

20___ • _____

_____

_____

20___ • _____

_____

_____

20___ • _____

_____

_____

20___ • _____

_____

_____

20___ • _____

_____

_____

September

28

Visit a place from your past.
What can you say about it?

20___ •

20___ •

20___ •

20___ •

20___ •

29

September

How does a tree change throughout the seasons? Draw it here.

20____ .

20____ .

20____ .

20____ .

20____ .

September

Make a simple scavenger hunt today,
for example: coffee, blue jay, and a pretty stamp.

30

20 ___ •

0 ___ •

0 ___ •

0 ___ •

0 ___ •

1

Spend half an hour in silence. No phone. No screen. Nothing. What are your first thoughts?

20___ • _____

_____

_____

20___ • _____

_____

_____

20___ • _____

_____

_____

20___ • _____

_____

_____

20___ • _____

_____

_____

_____

October

You have to be somewhere before you can be transported. Where are you now?

2

20____ •

20____ •

20____ •

20____ •

20____ •

3

October

What will you always remember?

20___ • _____

20___ • _____

20___ • _____

20___ • _____

20___ • _____

How can you be more reverent?

0 _____ • _____

_____

_____

0 _____ • _____

_____

_____

0 _____ • _____

_____

_____

0 _____ • _____

_____

_____

0 _____ • _____

_____

_____

_____

5

October

Was what you needed always here?

20___ •_____

_____

_____

20___ •_____

_____

_____

20___ •_____

_____

_____

20___ •_____

_____

20___ •_____

_____

_____

_____

*Is there something you're doing to please
someone else that isn't really pleasing them?*

20_____ •_____

_____

_____

_____

20_____ •_____

_____

_____

_____

20_____ •_____

_____

_____

_____

20_____ •_____

_____

_____

_____

20_____ •_____

_____

_____

_____

October

Can you let the day simply be?

20____ • _____

_____

_____

20____ • _____

_____

_____

20____ • _____

_____

_____

20____ • _____

_____

_____

20____ • _____

_____

_____

Are you complaining about what you don't like or working toward change?

0 _____ • _____

_____

_____

0 _____ • _____

_____

_____

0 _____ • _____

_____

_____

0 _____ • _____

_____

_____

0 _____ • _____

_____

_____

_____

9

Can you do _____
even though you are nervous?

20_____ • _____

_____

_____

20_____ • _____

_____

_____

20_____ • _____

_____

_____

20_____ • _____

_____

_____

20_____ • _____

_____

_____

_____

What new story begins today?

0 ___ •

0 ___ •

0 ___ •

0 ___ •

0 ___ •

11

*How are you feeling and behaving toward
your closest friends and family?*

20_____ •

20_____ •

20_____ •

20_____ •

20_____ •

What is your purpose today?

20 ___ •

20 ___ •

20 ___ •

20 ___ •

20 ___ •

13

Who is in your heart?

20___ · _____

_____

_____

20___ · _____

_____

_____

20___ · _____

_____

_____

20___ · _____

_____

_____

20___ · _____

_____

_____

_____

October

What helps you feel empowered?

14

0 ____ •

0 ____ •

0 ____ •

0 ____ •

0 ____ •

15

*Would your ten-year-old self be
proud of the way you are acting?*

20___ • _____

_____

_____

_____

20___ • _____

_____

_____

_____

20___ • _____

_____

_____

_____

20___ • _____

_____

_____

_____

20___ • _____

_____

_____

_____

October

What moment was most precious today?

16

20____ •

20____ •

20____ •

0____ •

0____ •

17

*How can you get out from
someone else's script?*

20____ •

20____ •

20____ •

20____ •

20____ •

What do you believe?

20____ •

20____ •

20____ •

20____ •

20____ •

19

*Can you let go of a hobby
you no longer enjoy?*

20____ • _____

_____

_____

20____ • _____

_____

_____

20____ • _____

_____

_____

20____ • _____

_____

_____

20____ • _____

_____

_____

Take one thing off your calendar.
How does it feel?

20____ •

20____ •

20____ •

20____ •

20____ •

21

*Where can you pull back from
trying to control the outcome?*

20____ •

20____ •

20____ •

20____ •

20____ •

October

22

Are you generous?

20____ •

20____ •

20____ •

20____ •

20____ •

23

Are you working to keep up online appearances of a #blessedlife?

20_____ •_____

_____

_____

20_____ •_____

_____

_____

20_____ •_____

_____

_____

20_____ •_____

_____

_____

20_____ •_____

_____

_____

How do you show mercy?

20 ___ •

20 ___ •

20 ___ •

20 ___ •

20 ___ •

25

What would your inner voice say?

20____ • _____

_____

_____

_____

20____ • _____

_____

_____

_____

20____ • _____

_____

_____

_____

20____ • _____

_____

_____

20____ • _____

_____

_____

_____

Do your actions reflect your priorities?

0____ •

0____ •

0____ •

0____ •

0____ •

27

*Are you holding on to lessons from
the past that need to be updated?*

20____ · _____

_____

_____

20____ · _____

_____

_____

20____ · _____

_____

_____

20____ · _____

_____

_____

20____ · _____

_____

_____

_____

How do you make meaning?

20_____ •

20_____ •

20_____ •

20_____ •

20_____ •

29

October

Study a flower or plant at the end of its life cycle. How would you describe it?

20___ •

20___ •

20___ •

20___ •

20___ •

What do you think about the statement "Things happen for a reason"?

20 ___ • ___

20 ___ • ___

20 ___ • ___

20 ___ • ___

20 ___ • ___

31

Are you soul-searching?
What are you finding?

20____ •

20____ •

20____ •

20____ •

20____ •

November

1

Take note of something today that might be a clue to an unseen world.

20____ • _____

_____

_____

20____ • _____

_____

_____

20____ • _____

_____

_____

20____ • _____

_____

_____

20____ • _____

_____

_____

_____

2

*Are you inviting something into
your life that you don't want?*

20____ •

20____ •

20____ •

20____ •

20____ •

*What would you do with five
minutes of free time?*

20____ • _____

_____

_____

_____

20____ • _____

_____

_____

_____

20____ • _____

_____

_____

_____

20____ • _____

_____

_____

_____

20____ • _____

_____

_____

_____

4

Do you give yourself time for contemplation?

20____ • _____

_____

_____

20____ • _____

_____

_____

20____ • _____

_____

_____

20____ • _____

_____

_____

20____ • _____

_____

_____

_____

What did you inherit?

20___ •

20___ •

20___ •

20___ •

0___ •

November

What is worth protecting?

20___ • _____

_____

_____

20___ • _____

_____

_____

20___ • _____

_____

_____

20___ • _____

_____

_____

20___ • _____

_____

_____

Whose company uplifts you?

20____ • _____

_____

_____

20____ • _____

_____

_____

20____ • _____

_____

_____

20____ • _____

_____

_____

20____ • _____

_____

_____

8

How can you be more alive?

20____ • _____

_____

_____

20____ • _____

_____

_____

20____ • _____

_____

_____

20____ • _____

_____

_____

_____

20____ • _____

_____

_____

_____

November

*For today, can you extend the benefit of
the doubt? Notice how it frees you.*

9

20___ • _____

_____

_____

20___ • _____

_____

_____

20___ • _____

_____

_____

20___ • _____

_____

_____

20___ • _____

_____

_____

10

November

Do you feel abundance?

20____ • _____

_____

_____

20____ • _____

_____

_____

20____ • _____

_____

_____

20____ • _____

_____

_____

20____ • _____

_____

_____

What activities restore you?

0 ___ •

0 ___ •

0 ___ •

0 ___ •

0 ___ •

12

How do you experience community?

20___ •

20___ •

20___ •

20___ •

20___ •

Can you trust the process?

20____ •

20____ •

20____ •

20____ •

20____ •

14

*All the advice in the world is useless unless
you act on it. What advice can you take?*

20____ • _____

_____

_____

20____ • _____

_____

_____

20____ • _____

_____

_____

20____ • _____

_____

_____

20____ • _____

_____

_____

_____

What feels transcendent?

20___ •

20___ •

20___ •

20___ •

20___ •

16

Can you make a nest for yourself?

20____ •

20____ •

20____ •

20____ •

20____ •

20____ •

20____ •

20____ •

20____ •

20____ •

18

*Are you willing to practice
something for many years?*

20___ • _____

_____

_____

20___ • _____

_____

_____

20___ • _____

_____

_____

20___ • _____

_____

_____

20___ • _____

_____

_____

How can you begin to break out of a bad habit?

20____ •

20____ •

20____ •

20____ •

20____ •

Are you able to take in helpful feedback?

20____ •_____

_____

_____

_____

20____ •_____

_____

_____

_____

20____ •_____

_____

_____

_____

20____ •_____

_____

_____

_____

20____ •_____

_____

_____

_____

What is one of your talents?

20____ • _____

_____

_____

20____ • _____

_____

_____

20____ • _____

_____

_____

20____ • _____

_____

_____

20____ • _____

_____

_____

22

What one person enriches your life?

20____ • _____

_____

_____

_____

20____ • _____

_____

_____

_____

20____ • _____

_____

_____

_____

20____ • _____

_____

_____

_____

20____ • _____

_____

_____

_____

November

What spell would you cast?

23

20___ • _____

_____

_____

20___ • _____

_____

_____

20___ • _____

_____

_____

20___ • _____

_____

_____

20___ • _____

_____

_____

24

Do you show up?

20____ •

20____ •

20____ •

20____ •

20____ •

Are you able to rejoice? When? How?

20____ •

20____ •

20____ •

20____ •

20____ •

26

November

Are you giving someone too much power?

20___ • _____

_____

_____

20___ • _____

_____

_____

20___ • _____

_____

_____

20___ • _____

_____

_____

20___ • _____

_____

_____

Do you decide how your day begins?

20_____ •

20_____ •

20_____ •

20_____ •

20_____ •

28

Do you like your own company?

20____ • _____

_____

_____

20____ • _____

_____

_____

20____ • _____

_____

_____

20____ • _____

_____

_____

20____ • _____

_____

_____

What would it mean to "Go in peace"?

20_____ •

20_____ •

20_____ •

20_____ •

20_____ •

30

November

*Do you have time set aside during
the week for rest and contemplation?*

20___ • _____

_____

_____

20___ • _____

_____

_____

20___ • _____

_____

_____

20___ • _____

_____

_____

20___ • _____

_____

_____

December

Who will you become?

1

20____ • _____

_____

_____

20____ • _____

_____

_____

_____

20____ • _____

_____

_____

20____ • _____

_____

_____

_____

20____ • _____

_____

_____

2

What ordinary place can you
appreciate more today?

20____ • _____

_____

_____

20____ • _____

_____

_____

20____ • _____

_____

_____

20____ • _____

_____

_____

20____ • _____

_____

_____

December

3

Set a goal for yourself. How will you reach it?

20___ •

20___ •

20___ •

20___ •

20___ •

4

What is your vision?

20___ •

20___ •

20___ •

20___ •

20___ •

Are you in touch with your essence?

20____ • _____

20____ • _____

20____ • _____

20____ • _____

20____ • _____

6

Does "now" belong to you?

20___ •_____

_____

_____

20___ •_____

_____

_____

20___ •_____

_____

_____

20___ •_____

_____

_____

20___ •_____

_____

_____

_____

*When is gentleness strength? Describe a recent
situation where you witnessed it in action.*

20___ • _____

_____

_____

20___ • _____

_____

_____

20___ • _____

_____

_____

20___ • _____

_____

_____

20___ • _____

_____

_____

8

December

Are you building a temple?

20____ • _____

20____ • _____

20____ • _____

20____ • _____

20____ • _____

December

9

*Is there something old and worn
that you dearly love?*

20___ • _____

_____

_____

20___ • _____

_____

_____

20___ • _____

_____

_____

20___ • _____

_____

_____

_____

20___ • _____

_____

_____

_____

10

December

What does "flow" mean to you?

20 ___ •

20 ___ •

20 ___ •

20 ___ •

20 ___ •

Are you willing to receive?

20____ •

20____ •

20____ •

20____ •

20____ •

12

Have you had a mystical experience?

20____ • _____

_____

_____

_____

20____ • _____

_____

_____

_____

20____ • _____

_____

_____

20____ • _____

_____

_____

_____

20____ • _____

_____

_____

_____

Have you undergone a transformation?

20___ • _____

_____

_____

20___ • _____

_____

_____

20___ • _____

_____

_____

20___ • _____

_____

_____

20___ • _____

_____

_____

_____

14

December

How can you stay open?

20___ • _____

20___ • _____

20___ • _____

20___ • _____

20___ • _____

December

*What is the most comforting
meal you've had?*

15

20____ •

20____ •

20____ •

20____ •

20____ •

16

Have you ever made a pilgrimage?

20____ • _____

20____ • _____

20____ • _____

20____ • _____

20____ • _____

December

17

When has someone offered you shelter?

20___ •

20___ •

20___ •

20___ •

20___ •

18

What is the best way to transition from the outside world to your life at home?

20____ •

20____ •

20____ •

20____ •

20____ •

December

19

Do you have a muse?

20_____ •

20_____ •

20_____ •

20_____ •

20_____ •

20

What lasts forever?

20___ •

20___ •

20___ •

20___ •

20___ •

December

21

Beneath the cold ground of winter,
are your roots still growing?

20____ •

20____ •

20____ •

20____ •

20____ •

22

Nature prepares for winter by going inward. How do you prepare for it?

20___ • _____

_____

_____

20___ • _____

_____

_____

20___ • _____

_____

_____

20___ • _____

_____

_____

_____

20___ • _____

_____

_____

_____

*Can you feel the presence
of someone you've lost?*

20___ • _____

_____

_____

20___ • _____

_____

_____

20___ • _____

_____

_____

20___ • _____

_____

_____

_____

20___ • _____

_____

_____

_____

24

How can you practice compassion for the most difficult person in your life?

20____ •

_____

_____

_____

20____ •

_____

_____

_____

20____ •

_____

_____

_____

20____ •

_____

_____

_____

20____ •

_____

_____

_____

What if instead of "too busy"
you saw your life as full?

20 __ • _____

_____

_____

20 __ • _____

_____

_____

20 __ • _____

_____

_____

20 __ • _____

_____

_____

20 __ • _____

_____

_____

_____

26

Are you pretending? Why?

20____ •

20____ •

20____ •

20____ •

20____ •

December

27

*What one word brings you
back to what matters?*

20___ • _____

_____

_____

20___ • _____

_____

_____

20___ • _____

_____

_____

20___ • _____

_____

_____

20___ • _____

_____

_____

_____

28

*How are you stronger than
you were ten years ago?*

20___ • _____

_____

_____

20___ • _____

_____

_____

20___ • _____

_____

_____

20___ • _____

_____

_____

_____

20___ • _____

_____

_____

_____

December

*How can you step out
of chronological time?*

29

20___ •

20___ •

20___ •

20___ •

20___ •

30

December

Are you on the lookout for good luck?

20___ · _____

20___ · _____

20___ · _____

20___ · _____

20___ · _____

If you choose not to slay the dragon,
how can you harness its power instead?

20___ • _____

_____

_____

20___ • _____

_____

_____

20___ • _____

_____

_____

20___ • _____

_____

_____

20___ • _____

_____

_____

_____

CLARKSON POTTER is a trademark
and POTTER with colophon is a registered trademark
of Penguin Random House LLC.

ISBN 978-1-9848-2273-4

Printed in China

Written by Rachel Federman
Book and cover design by Lise Sukhu

10 9 8 7 6 5 4

First Edition